A DISPENSAÇÃO do Pacto

Moisés Bezerril

Sumário

A Dispensação do Pacto.................................5

O Pacto com Adão 9

O Pacto com Noé 31

O Pacto com Abraão 33

O Pacto do Sinai 37

A Nova Aliança 49

Bibliografia 57

A Dispensação do Pacto

As igrejas reformadas são caracteristicamente conhecidas pela sua Teologia dos Pactos. *Mas, que pactos são esses? Quantos pactos fez Deus para a vida eterna do homem? Qual a diferença essencial entre tais pactos? Quais as consequências sobre a visão do organismo das Escrituras Sagradas se eu não tiver um correto conhecimento de tais pactos?* São essas perguntas que nos dispomos a responder nesse pequeno tratado de teologia, tendo em vista que em sua maioria os crentes estão confusos quanto a este tema.

Antes de iniciarmos nossa reflexão sobre os pactos precisamos entender o que pretendo dizer com as palavras DISPENSAÇÃO e PACTO.

A palavra "dispensação" neste trabalho tem um significado puramente bíblico, o qual podemos encontrar nos textos de Ef 1:10; Cl 1:25; Lc 16:2-4. A ideia principal desta palavra é de uma administração. Este termo também é muito usado para descrever uma ideia de mordomia, e este é o sentido que empregaremos durante toda a exposição do nosso tema. Portanto, quando falamos em "Dispensação do Pacto", estamos falando sobre a maneira como Deus distribuiu os seus dons e suas bênçaos de salvação durante toda a história da humanidade, desde os dias de Adão até os nossos dias. O desenvolvimento do nosso tema parte de uma ideia bíblica de que toda a história da salvação do homem nasce a partir de um pacto que Deus fez com Adão, e a partir daí essa história é contada como uma administração das bênçãos deste pacto durante todas as épocas de existência do homem sobre a terra.

Mas, o que seria na verdade um pacto? Um pacto é um contrato firmado entre duas pessoas que podem estar num mesmo pé de igualdade ou não. Nesse contrato as duas pessoas estão obrigadas por uma lei a cumprir suas partes no contrato. O contrato possui recompensa aos cumpridores e ao mesmo tempo punição para os infratores da lei do contrato. Se há uma lei neste contrato, então há também uma condição a ser cumprida dentro do mesmo. O que devemos esclarecer antes de qualquer explanação do assunto é que há uma grande diferença entre um pacto feito entre dois homens e um pacto feito entre Deus e o homem. Os homens estão num mesmo pé de igualdade, mas nunca estarão numa igualdade com Deus.[1] Isto influencia diretamente na natureza do pacto feito entre Deus e o homem. Deus e o homem nunca são apresentados na Bíblia como partes iguais num contrato, mas sempre todos os pactos entre estas duas partes, dos quais tomamos conhecimento na Palavra de Deus, são sempre de iniciativa divina e são sempre impostos por Deus ao homem, pois Ele é soberano sobre toda vida humana e sempre tem o direito de impor Suas condições ao homem (a Parábola da Vinha), a fim de que, através do cumprimento de tais condições o homem obtenha Seu favor e tudo seja convergido para Sua glória. Isso nos leva à conclusão que num pacto firmado entre Deus e o homem, é sempre Deus quem estabelece os termos do contrato, e ao homem compete apenas o cumprimento de tais termos. Portanto, um pacto entre Deus e o homem é sempre diferente de um pacto feito entre dois homens.

---

1 Berkhof

Um pacto proveniente da parte de Deus para com suas criaturas é sempre fruto da Sua graça[2], pois essa ideia de pacto sempre implica em Deus se rebaixar ao nível do homem como seu amigo para oferecer-lhe sempre um caminho de felicidade eterna, sendo nisso glorificado. A decisão de uma relação pactual com o homem nasce nos decretos da Divindade, portanto é pura graça. Essa relação pactual entre Deus e o homem para garantir-lhe a vida eterna se faz necessária por causa da grande distância entre os dois. O homem nunca poderia ter um relacionamento mais profundo com Deus se não fosse por meio de um pacto, pois ele não é Deus, nem faz parte da Divindade. Assim sendo, o homem jamais tem relação com Deus de forma direta como Jesus e o Espírito Santo têm, pois o homem é homem e Deus é Deus. Entre a criatura e o Criador existem diferenças que somente podem ser superadas, num relacionamento, através de um pacto.

---

2 Agostinho

O Pacto com Adão

Entendemos pelo estudo da revelação bíblica que Deus somente fez dois pactos de vida eterna para a humanidade (o que concluiremos mais tarde que trata-se apenas de um). O primeiro pacto é chamado pela teologia de Pacto das Obras, pois nele o homem teria que fazer algo para conquistar a vida eterna. Esse pacto é nitidamente percebido nas palavras de Gênesis 2:17. A obra que Adão teria que realizar era apenas obedecer à ordem do Senhor. A palavra MORTE neste texto se refere ao seu sentido mais amplo, por outro lado, pela obediência de Adão, a VIDA seria em seu sentido mais profundo: vida eterna. A vida eterna, bem como a morte eterna estavam condicionalmente no poder de Adão. Adão era sem pecado e tinha certa comunhão com Deus. Sua relação pessoal com Deus era mais direta do que depois da sua queda. Não havia necessidade de mediador. Adão era seu próprio mediador, pois ele, sem pecado, tinha aptidão exigida pela Lei divina para entrar num relacionamento pactual com Deus. A pergunta que às vezes surge é: Por que Deus, ao criar o homem, não lhe deu logo a garantia de vida eterna sem que houvesse a necessidade de um pacto? Há razões que somente Deus conhece. Muitas respostas têm sido discutidas e apresentadas a esse problema. A primeira conclusão que podemos tirar em nossa ínfima razão é que aprouve a Deus, em sua soberania decidir garantir a vida eterna ao homem por meio de um pacto.

A segunda razão pela qual Deus firmou o direito da vida eterna ao homem na base de um pacto foi a garantia de ter criado um ser livre (não no sentido da livre vontade de Deus, ou seja, Adão gozava de uma liberdade, mas nunca era tão livre o quanto Deus é em sua santa vontade). Criando o homem como um ser livre, e tendo este o poder de escolher o contrário da ordem de Deus, Ele estaria também criando a possibilidade de uma queda, logo, o próprio Deus assegurou o direito da vida eterna na base de um pacto. Terceiro, como diz Lee Irons: "Imagine o que aconteceria se Deus não tivesse entrado em acordo com Adão, mas simplesmente tivesse exigido obediência perpétua sem uma promessa de vida eterna. Só haveria duas opções para ele. Ou ele poderia desobedecer a Deus e entrar em juízo (morte) ou continuar simplesmente obedecendo. Mas a qualquer momento ele poderia ser capaz de cair. Ele poderia permanecer nesse estado de integridade indefinidamente. Mas isso seria tudo. Mesmo depois de milhões de anos, ele ainda estaria sob 'teste'. Ele jamais poderia ter um relacionamento confirmado com uma vida à qual ele jamais perderia o direito. Não haveria perspectivas seguras para Adão! Somente o infinito potencial para cair."[3] Pergunto: Que livre arbítrio teria Adão se ao ser criado lhe fosse imposta uma condição de vida eterna podando-lhe toda possibilidade de escolha? E que Pacto seria esse se não há condições de escolha? Adão seria apenas uma máquina incapaz de se relacionar com Deus, pois toda relação pessoal implica em uso da livre volição.

Algo muito importante ainda precisa ser comentado. Devemos começar perguntando: *Como entender que Adão era livre em sua escolha no Pacto das Obras e ao mesmo tempo*

---

3 Sermão pregado por Lee Irons em Romanos 4:25, intitulado *"Raised for our justification"*, março de 1996.

Deus continuar sendo o Soberano Senhor do Universo que tudo decreta como lhe apraz e ainda assim não violentar a livre escolha do homem, quando as Escrituras nos ensinam que até mesmo os nossos atos fazem parte dos decretos de Deus? A verdade é que esse assunto tem sido discutido durante um bom tempo na história da Igreja Cristã. Ao que parece, a solução para este problema tem sido de uma dificuldade tão extrema que os maiores estudiosos dessa questão têm dado um caráter de mistério a essa questão. O problema gira em torno do ensino bíblico de que Deus decreta todas as coisas e que até as nossas ações são provenientes da Sua vontade e que, mesmo cumprindo tudo o que Deus decretou, nós somos responsáveis pelas nossas ações. Parece formar em nossa mente uma tremenda confusão, pois racionalmente o homem seria uma simples máquina que apenas cumpre o comando que lhe é imposto. De fato, essas verdades ensinadas na Palavra de Deus não são de uma dimensão racional, por isso não conseguimos alcançar o pleno entendimento dessas coisas porque elas pertencem às profundezas do conhecimento de Deus, e não do conhecimento do homem. O que tem sido revelado ao homem sobre essas verdades é apenas que Deus decreta todas as coisas no universo e ainda assim nós somos responsáveis pelos nossos atos. Não podemos resistir, nem tampouco fugir desse ensino revelado.

Mas como entender a liberdade de Adão? Podemos dizer que a maior prova da liberdade de Adão no Pacto das Obras fora a sua culpa pela desobediência. A culpa condenatória só se estabelece se admitirmos certo grau de liberdade existente no infrator. Que Deus seria esse se condenasse o homem sem que este não tivesse um mínimo de liberdade que justificasse a sua culpa? A ira de Deus que recai sobre o pecador não conta apenas o pecado de Adão, mas também os pecados atuais do pecador. Essa ira somente é cabível se for entendida à luz de uma soberba obstinada, com liberdade para praticar a vontade da carne. Do contrário, Deus estaria condenando não um ser livre para pecar, mas sim, uma máquina programada para o pecado. Certamente esse não é o Deus da revelação bíblica, pois o próprio Jesus contou muitas parábolas que ensinam claramente a responsabilidade humana, bem como a soberania de Deus ordenando todas as coisas sobre a vida do homem.

Mas a questão mais difícil não é saber se o homem possui liberdade, porque isso é claramente ensinado na Palavra de Deus, e sim saber que tipo de liberdade o homem possui. A isso respondo que essa liberdade é tão distinta do nosso conceito comum de liberdade que jamais poderíamos "dissecá-la" racionalmente. Além do mais, o fato de não conseguirmos entendê-la não significa que ela não exista, pois o ensino está claro na Palavra de Deus. Mas o que ainda falta ser dito sobre essa liberdade é que ela se refere a uma relação judicial entre o homem e Deus e por este motivo se torna tão difícil de alcançarmos um pleno entendimento dessa verdade. Nunca sabemos perfeitamente o que Deus pensa de nosso pecado, apenas o que diz a Sua Palavra, mas devemos nos lembrar que Deus é um Ser pessoal e que nós estamos nos relacionando com Ele durante todos os momentos de nossa vida, e que essa relação pessoal nunca é igual à um relacionamento entre dois seres humanos, portanto o conceito de liberdade numa relação entre o homem e Deus nunca poderá ser reduzido ao conceito de liberdade entre dois seres humanos, porque são duas dimensões extremamente difíceis de serem conciliadas racionalmente. Todos concordam que algumas coisas nesse mundo físico, que pertencem às relações humanas, são por natureza muito difíceis de serem compreendidas, como, por exemplo, a questão do sofrimento humano, mas ninguém fala em negar-lhes sua realidade. Tanto mais difícil ainda seria compreender algo das relações divinas. Lembremo-nos, pois, que a relação judicial é entre o homem e Deus e não pode ser entendida enquanto só pudermos compreender as relações entre os homens. De algo temos certeza: há um certo tipo de liberdade no homem, tipo esse que somente Deus conhece; liberdade essa que nem fere a soberania de Deus e nem tampouco torna Deus culpado de nossos atos, mas que nos torna completamente responsáveis por nossas ações. Essa dificuldade se estabelece também por causa da nossa fraca concepção da Justiça Divina.

Jamais poderemos entender perfeitamente nesta vida a ideia de justiça de Deus, por ser algo de uma dimensão muito distante do nosso pequeno mundo racional, pois o que temos em mente mais concretamente é apenas o conceito de justiça humana e por conta disso, jamais atingiremos a plena compreensão das relações judiciais entre Deus e o homem. Pode ser que até compreendamos as coisas do mundo dos homens, mas as coisas de Deus pertencem a um mundo misterioso que só é prescrutado pelo Seu Espírito (1Co 2:10-11), e que a pequena compreensão que temos dessas coisas só podemos alcançar pela fé, e não pela razão, e ainda nos falta o verdadeiro conhecimento que teremos somente quando estivermos com o Senhor na glória. Se não admitirmos, ainda fraca que seja nossa compreensão, que há uma certa liberdade de natureza transcendental dada ao homem no Pacto das obras, nunca poderemos aceitar o ensino de um pacto, pois julgaríamos assim que Deus estaria fazendo uma brincadeira com Adão. Não pode haver um pacto se não há possibilidade de escolha. Explicaremos melhor essa questão quando estivermos tratando do Pacto da Redenção.

Algo muito importante que precisa ser mencionado aqui é a presença da Lei de Deus que estava presente no Pacto das Obras. Essa Lei era, na verdade, os princípios da vontade divina para uma relação pactual e vital que Deus sempre impõe para o relacionamento entre Ele e o homem pecador. Ninguém pode viver em comunhão com Deus ignorando essa Lei. A diferença da Lei no pacto com Adão era que essa Lei resumia todas as exigências divinas em um só mandamento: a obediência a uma ordem. Devemos perguntar: Por que a Lei já se faz presente no Pacto das Obras se o homem ainda não havia sido encerrado debaixo da condição miserável de pecado? Essa pergunta é comumente feita por aqueles que entendem erroneamente que a história da salvação começa com a presença do pecado. Mas a história da salvação não começa com o pecado, e sim com a Lei de Deus. Creio haver duas razões pelas quais Deus impôs Sua Lei como condição no Pacto. A primeira é a presença do mal no Éden e o poder de livre escolha que foi dado ao homem no Pacto.

A segunda, é que Deus só pode se relacionar com Suas criaturas, mesmo sem pecado, através de uma lei que regule o relacionamento entre duas partes tão distintas como são Deus e o homem. Estes dois fatores indicam, logicamente, a possibilidade de uma queda, ou seja, de uma má escolha por parte do homem, que resultaria na corrupção da natureza humana. Mas, me parece que até agora ainda não respondemos a pergunta: Para que então Deus impôs Sua Lei no Pacto das Obras? A resposta à esta pergunta certamente deverá ser encontrada na doutrina dos Decretos de Deus, mas se fôssemos tentar dar uma resposta, por mais difícil que fosse a tentativa, chegaríamos à conclusão de que Deus, por ter criado um ser livre, diante da possibilidade de uma queda, estabeleceu a Sua Lei no Pacto para testar e expor os desígnios do coração do homem (como uma prova de amor por parte do homem) como um ser livre e para garantir a relação de vida entre um Deus santíssimo e justo e um ser criado livre com uma possibilidade de cair em pecado. Ora, como seria estabelecida uma relação de vida entre o Deus que é toda santidade e justiça, de natureza infinitamente superior ao homem, e o homem, uma criatura, com a possibilidade de queda e infinitamente inferior ao seu Criador, se não fossem dadas as condições de serem satisfeitas as exigências divinas para essa relação? Essas condições resumem-se exatamente nas exigências que Deus faz em Sua Lei, para o relacionamento entre Ele e Suas criaturas, o que é nada mais nada menos do que a dispensação do Seu caráter e dos Seus atributos. Isto significa que para entrar numa relação com Deus, Ele mesmo exige condições de caráter igual ao Seu, o que está revelado em sua Lei. Sem essas condições ninguém pode se relacionar com Deus. Se não forem cumpridas, o homem entrará numa relação penal com Deus por não ter atingido Suas exigências legais.

Devemos acrescentar que não era o mero cumprimento de uma lei que fora dado como garantia de vida eterna ao homem. Lembremo-nos que mesmo antes dessa relação pactual entre Deus e Adão, a Lei de Deus estava escrita no coração de Adão, de tal maneira que ele sabia muito bem como agradar seu Criador. Antes do pacto, a desobediência dessa Lei lhe traria punições, mas o cumprimento da mesma não lhe assegurava nenhuma recompensa.[4] Então, quando foi que a Lei se tornou condição para se obter a vida eterna? Nossa resposta a esta indagação é que antes do pacto firmado com Adão nenhuma lei houvera sido dada ao homem como condição de se obter a vida eterna. A Lei tornou-se condição de vida eterna apenas quando Deus decidiu soberanamente estabelecer um pacto entre Ele e o homem. Eis aí o início da Graça. Isso quer dizer que mesmo havendo uma lei interior no coração de Adão em sua relação natural com Deus antes do pacto, a obediência a essa lei não conduzia o homem à condição de vida eterna até que fosse firmada a relação pactual entre Deus e o homem. A vida eterna só foi possível quando Deus quis torná-la efetiva

---

4 Berkhof

por meio de um pacto. A partir daí já podemos perceber que a Lei, em si mesma, não foi dada como a fonte da vida eterna, pois ela é apenas um meio no pacto para viabilizar as relações do pacto, a dispensação da Graça de Deus. É Deus em Sua graça que torna efetiva a possibilidade de vida eterna. Como podemos entender, esse é o único momento na história da salvação do homem em que a obediência à Lei é imposta ao homem como condição para se obter a vida eterna, pois Deus tinha como objetivo através do cumprimento da Lei assegurar a vida eterna ao cumpridor, mas após a queda essa mesma Lei só pode garantir ao homem uma coisa: sua condenação, (Gl 3:13). Devemos reconhecer, afinal, que era a satisfação da Lei de Deus que garantiria o direito à vida eterna a Adão, mas não significa que após a queda essa mesma relação pactual do homem com a Lei de Deus lhe assegurará esse direito, pois a continuidade dessa relação legal de pacto de obras não existe mais na esfera humana, e sim na esfera divina. Essa relação legal que conduz à vida eterna, por causa da queda, foi transferida para um outro pacto, não mais com o homem no sentido de que ele cumpra no pacto sua parte numa relação legal com Deus, mas agora essa mesma relação legal é estabelecida com Jesus, o Fiador daquele antigo pacto de obras.

Uma pergunta que devemos fazer antes de prosseguirmos é: *Quais as vantagens ou promessas daquele antigo pacto feito com Adão?* Com certeza não seria apenas aquela relação natural de comunhão direta que havia entre Adão e Deus, pois Deus não entraria num pacto com Adão para lhe oferecer o que ele já possuía. Paulo chama a Jesus de Segundo Adão, dando-nos a entender que o que Jesus conquistou por Sua obediência foi aquilo que Adão havia perdido: o direito à vida eterna (Rm 5:12-21). A condição de vida natural de Adão não poderia ser a recompensa do pacto, nem tampouco a bênção conquistada por Jesus ao cumprir as exigências da Lei. Aquela condição de vida natural de Adão ainda não era o gozo de uma vida eterna plena, pois Adão ainda era passivo de cometer pecado e consequentemente morrer; sua vida natural ainda estava limitada pela possibilidade de pecar e se tornar sujeito à morte; ele também ainda não desfrutava da santidade em sua plenitude, nem tampouco de vida eterna plena, eis porque a presença da Lei. Assim concluímos que a vida de Adão antes da queda ainda não era a vida eterna prometida no pacto, pois nesta não há nenhuma dessas limitações da vida natural de Adão.

Perguntaríamos: *No céu ainda haverá necessidade da Lei no relacionamento entre Deus e Suas criaturas glorificadas?* A resposta é sim! Em nenhum momento a criatura pode se relacionar com o Seu Criador sem ser por meio de uma Lei, pois doutra forma a criatura estaria em pé de igualdade com o seu Criador. Somente as pessoas da Trindade se relacionam sem uma Lei, pois elas são iguais em natureza, atributos e propósitos. A Trindade é a essência da própria Lei. Certamente que a natureza da Lei no céu é a mesma, mas sem dúvida suas exigências sobre as criaturas glorificadas serão diferentes das exigências sobre as criaturas pecadoras. A conclusão inevitável é: a Lei é eterna.

Duas verdades ainda precisam ser entendidas sobre o Pacto das Obras: primeiro é que esse pacto era condicional, pois Adão ainda possuía o poder de livre escolha, podendo decidir entre obedecer e desobedecer. As condições do pacto estavam ao seu alcance. Para Adão e toda a sua posteridade o resultado do pacto era incerto, podendo ele cumprir ou não sua parte no pacto; segundo, é que Adão era o representante de toda a raça humana. Sua escolha seria a nossa escolha, seu destino nosso destino, sua vida nossa vida, sua morte nossa morte. Alguns perguntam: *Se Adão tivesse cumprido sua parte no Pacto das Obras isso significa que toda a descendência humana teria vida eterna?* Esta pergunta exige uma difícil resposta porque trata-se de uma pergunta condicional e refere-se aos mais profundos desígnios de Deus. Certamente que nos apressaríamos em dar uma resposta lógica a esta questão afirmando que logicamente todo gênero humano teria vida eterna, mas isso criaria um problema maior, pois implicaria numa mudança nos planos de Deus que fora condicionada pela escolha de Adão, o que resultaria numa ameaça à integridade de Sua soberania. Mas, o que dificulta-nos a responder é que sabemos que Deus houvera escolhido alguns para a vida eterna "antes da fundação do mundo" (Ef 1:4), mas nada nos foi revelado sobre um possível plano de redenção de toda humanidade baseado numa escolha melhor que Adão fizesse. Por outro lado, não podemos inferir que Adão não pudesse fazer outra escolha pois isso redundaria numa perda de liberdade do homem no pacto, o que tornaria a ideia de um pacto sem sentido e a sua condenação sem culpa e sem razão. É praticamente impossível transpor esse "se" e dar uma resposta a esta indagação. O motivo principal de não podermos responder a tais questões é porque nosso raciocínio não trabalha sem as "razões". Aprouve a Deus não revelá-las, por isso não podemos dar respostas racionais. Precisamos ainda entender como nos tornamos *por natureza filhos da ira* (Ef 2:3) por causa do pecado de Adão.

O texto de Rm 5:12-19 afirma que a morte é fruto do primeiro pecado que entrou no mundo e essa morte passou a todos os homens porque todos pecaram. A pergunta que geralmente se faz é: *Como eu posso ser responsável e ser punido pelo pecado que não foi o meu?* Na verdade, eu não sou punido pelo pecado de Adão, mas sim pelo meu pecado em Adão, pois estávamos em Adão no Pacto, na queda e na sua morte (1Co 15:22). Logo, seu pecado é nosso pecado, sua transgressão é nossa transgressão. Esse pecado ao qual Paulo se refere é a nossa transgressão em Adão, e não nossos pecados diários, nem tampouco se refere à morte como castigo pelos nossos pecados cometidos por termos seguido "o exemplo de Adão". Em Rm 5:14, Paulo afirma que a morte sobreveio até mesmo sobre aqueles que "não pecaram à semelhança de Adão". Isso quer dizer que a morte foi imposta como castigo sobre aqueles que não pecaram como Adão (as crianças). Mas, então como é que se tornaram sujeitas à morte se isto era um castigo imposto à Adão? Em Rm 5:16 Paulo afirma que *"porque o julgamento derivou de uma só ofensa para a condenação"*, e ainda no verso 18 diz "por uma só ofensa veio o juízo sobre todos os homens para a condenação". Se o homem não trouxesse já em si mesmo a culpa da transgressão de Adão ele só morreria a partir da idade em que começasse a pecar, pois Rm 5:12 afirma claramente que a morte é fruto do pecado. Isto nos levaria à conclusão que não haveria mortalidade infantil, pois as crianças de peito não cometem pecado, no entanto a própria experiência nos mostra que a morte sobreveio a elas também. Mas se não pecam, por qual pecado morrem? Pelo pecado de Adão, (1Co 15:22). O chamado "Pecado Original" é a culpa de Adão que é contada como nossa culpa. É essa culpa que torna o homem "filho da ira", e o leva a condenação. Mas o que Paulo realmente quer dizer com a expressão "por natureza filhos da ira"? Calvino ensina que a verdadeira interpretação deste texto é que todos os homens são culpados desde o nascimento, até que sejam redimidos por Cristo. Assim foram todos os homens excelentes, que hoje estão na Igreja. O que certamente é natural ao homem, isso lhe é original. Então aqui, Paulo está dizendo que a ira de Deus está sobre o homem desde seu nascimento. Onde há a ira de Deus há o pecado, pois Deus não condena inocentes. "Nascemos com o pecado como a serpente nasce com o seu veneno", diz Calvino, em seu comentário aos Efésios. Alguém poderia muito bem perguntar: Então isso quer dizer que até os eleitos nascem debaixo da ira de Deus? Se sim, quando então um eleito é liberto dessa culpa? A isto podemos responder com as palavras do próprio João Calvino quando nos mostra que Paulo está falando não somente dos gentios debaixo da ira, mas também dos judeus, que eram considerados a semente bendita: "Judeus e gentios têm a mesma natureza, em nada diferem, a não ser que, através da graça da promessa Deus os livrou da destruição (judeus), mas isso é um remédio que veio depois da enfermidade."[5]

Na verdade, os eleitos são predestinados para o chamado e para a justificação. Esse é o caminho de todos os eleitos de Deus, (Rm 8:29-30). Mesmo eleito para a salvação, o homem nasce debaixo da ira até que a sua culpa seja retirada quando da sua justificação pela fé em Cristo Jesus, (Ef. 2:11-13). Paulo era eleito (Gl 1:15,16), mas ele também se incluiu entre os que nasceram sob a ira de Deus. Poderíamos então dizer que as crianças eleitas também nascem condenadas? E se vierem a morrer? A isto respondemos que os infantes eleitos não são salvos pela justificação pela fé, pois as mesmas não podem exercer fé como um adulto, mas se Deus as elegeu, certamente que Ele providenciou um meio de salvação pela justiça de Cristo para os que não podem responder à vocação externa. Devemos nos lembrar que a culpa não é um processo herdado por geração natural, de pai para filho, mas consiste em uma relação judicial na qual Deus vê no homem essa culpa que o torna merecedor de condenação, pois Adão era o nosso representante no Pacto. Isto é diferente quando falamos da segunda consequência do pecado que é a corrupção da natureza humana, ou seja, a perda da justiça original. Enquanto a culpa pela transgressão de Adão é-nos imputada judicialmente, a corrupção da nossa natureza é-nos transmitida naturalmente, pois a natureza de Adão tornou-se corrompida e consequentemente essa natu-

---

5 Comentário de Calvino sobre efésios.

reza foi passada por geração natural a toda sua descendência. Quando digo "geração natural" não quero dizer o mesmo que transmissão biológica, pois o que deve ser levado em conta sobre essa geração natural da corrupção humana é que a transmissão da pecaminosidade de um homem para outro permanece um mistério. Ninguém sabe como o poder do pecado passa para os nossos corpos tornando-os corruptíveis. O que sabemos é que esse poder de corrupção é espiritual e terrivelmente maligno, e que está impregnado em toda a raça humana, sendo transmitida de pais para filhos, (Gn 5:3). O fato de homem ser originalmente (a partir do seu nascimento) e naturalmente pecador não deve nos levar à conclusão que esta origem pecaminosa tenha sido obra de Deus, pois essa natureza de culpa e corrupção não consiste da criação original de Deus, mas foi pervertida pelo mal. Portanto, Deus não tem nenhuma participação na natureza pecaminosa do homem.

O Pacto das Obras firmado com o homem termina com a trágica desobediência de Adão à Lei de Deus. Por consequência, essa mesma Lei o encerra debaixo da morte e da condenação, e com ele toda a sua posteridade, (Gl 3:22). Mas o que nos consola é que a humanidade em sua totalidade não foi abandonada à mercê desta terrível condição de pecado e morte.

As consequências imediatas da queda, no pacto das obras, foram: 1) a perda das promessas de vida eterna; 2) o ganho da morte eterna como punição, e 3) a perda da justiça original. Tudo isto redundando num estado de pecado e miséria sobre a natureza humana que impossibilita o homem de entrar num segundo pacto de obras com Deus, pois Ele não suporta o pecado e não faz aliança com pecador. A natureza de Adão e toda a sua posteridade foi mudada, tornando-se corrupta, caindo no desagrado de Deus, e neste estado, com sua natureza caída, Adão se tornou totalmente impossibilitado de cumprir uma segunda vez a Lei de Deus. Se no estado de justiça original havia a incerteza da escolha de Adão, depois da queda só há uma certeza em relação ao homem caído: sua queda constante. Se Deus fizesse um segundo pacto de obras com o homem caído, saberíamos com toda certeza o resultado iminente desse pacto: outra queda. Assim, estaríamos condenados para sempre, sem nenhuma perspectiva de salvação. Pergunto: Quem você escolheria para lhe representar num segundo pacto que determinasse o seu destino eterno: Um pecador ou alguém sem pecado? Alguém que por natureza peca ou alguém que não pode pecar? Alguém que inspira incerteza de escolha e desconfiança ou alguém que com toda certeza cumprirá as exigências do pacto? Alguém que já falhou a primeira vez ou alguém em quem não há a possibilidade de falha? Certamente que Deus em Seu amor, misericórdia e sabedoria não deixou a humanidade completamente à mercê de seus pecados, nem tampouco fez um segundo pacto de obras com Adão, nem com sua posteridade caída.

Eis a terrível pergunta: Quem representará novamente o homem, desta vez caído, num segundo pacto para a sua própria salvação? Agora, além de ter de cumprir a exigência da Lei divina que não foi cumprida (aquela obediência exigida de Adão), o homem terá que ser penalizado para que haja plena satisfação ou quitação da falta cometida. Quem dentre os homens poderá cumprir tais exigências do pacto? A resposta é que entre os homens ninguém foi achado, pois agora todos são réus, não há inocentes, ninguém capaz de cumprir as exigências da Lei de Deus. Ninguém pode se apresentar perante a Lei para representar e contrair a culpa dos demais porque todos são culpados e estão debaixo dessa Lei como condenados. Não há quem possa escapar, (Rm 3:9-18). Para satisfazer a essa Lei precisamos de alguém que não deve nada à Lei, pois do contrário a Lei também o aprisiona. Precisamos de alguém sem culpa, inocente e capaz de cumprir todas as exigências dessa Lei. A solução para este problema foi encontrado somente na própria Divindade. A verdade é que Deus não pode encontrar ninguém dentre os homens para um segundo pacto, em vez disso, aquele mesmo pacto no qual Adão falhou, Deus fez com Seu Filho Jesus Cristo (Gn 3:15; Lc 22:29; Hb 10:5-7; Jo 17:6,9,24).

Uma das maiores provas do pacto, que podemos encontrar nas páginas do Antigo Testamento, logo após a queda do homem, é a presença do sangue no culto dos santos do Antigo Testamento. Todo derramamento de sangue no culto dos crentes do Velho Testamento nos indica que a salvação não está mais ao alcance do homem através de um pacto de obras, mas que o homem deve olhar para Deus e para o sangue do Cordeiro que foi morto antes da fundação do mundo. Sangue é exatamente o oposto de obras. Sangue indica fé em algo que está fora de nós, pois em pecado, o homem não tem mais justiça em si mesmo. Sangue significa uma 1 cobertura para o nosso pecado, mas uma cobertura que não está em nós. Essa cobertura é providenciada pelo próprio Deus, na justiça de Seu Filho amado. Derramamento de sangue significa derramamento de uma vida em prol de outra vida, o que contrasta fortemente com o pacto das obras. Sangue significa que Deus providenciou a vida de Seu Filho Jesus para ser dada em favor do pecador que já não pode fazer mais nada em prol de si mesmo, (Jo 10:11,15,17,18 Esse pacto é chamado pela teologia de Pacto da Redenção, pois consiste ainda naquele antigo pacto adâmico, agora feito com Jesus para a redenção dos eleitos. Nesse pacto, Jesus é considerado o Segundo Adão, pois Deus ainda continua exigindo os mesmos requisitos da Lei, os quais foram exigidos de Adão, mas com um acréscimo: o castigo pela desobediência de Adão. A dívida contraída pelo pecado de Adão só poderia ser quitada pela condenação eterna do gênero humano. Se isso fosse cumprido, ainda ficava faltando o cumprimento da Lei, pois só o pagamento da dívida não garante o direito à vida eterna, pois a quitação do débito de Adão somente representa o reparo de um dano, e não a conquista de uma recompensa. Para isto, a Lei que recompensa ainda precisa ser cumprida, e não somente satisfeita numa relação penal. Jesus não somente satisfez a Lei no que ela exigia para a quitação da dívida de Adão, mas também cumpriu toda a Lei de Deus por ser ele perfeito. Certamente, se ele apenas sofresse o castigo que estava reservado para nós, consequentemente, seríamos colocados de volta na condição natural de Adão antes da queda, para que, ainda num pacto de obras, cumpríssemos a Lei para obtermos a vida eterna.

Para Jesus certamente esse era um pacto de obras, pois eram necessárias duas obediências por parte dele: uma obediência perfeita à Lei de Deus, cumprindo todas as Suas exigências que foram feitas a Adão, a qual era a garantia da recompensa da vida eterna, e a outra obediência foi aquela que ele, passivamente, se submeteu à morte como o castigo pela desobediência de Adão. Assim, somente Deus pode resolver o problema do homem. O Pacto da Redenção é a maior prova do amor e da misericórdia de Deus pelo homem. Foi Deus, a parte ofendida no pacto, quem proveu o meio para a reconciliação dEle com o ofensor. Isto, humanamente falando, é inviável no mundo dos homens, pois compete ao ofensor expiar a sua ofensa, e não o ofendido expiar a ofensa do ofensor. É necessário lembrar que o sacrifício de Jesus só é aceito por Deus porque antes dele pagar a dívida do homem, ele estava em perfeita condição de obediência à Lei de Deus, pois do contrário, Jesus não poderia pagar a nossa dívida. Depois da queda, somente Jesus poderia representar o homem num pacto com Deus, pois só ele preenche os requisitos de um Deus santíssimo que exige da outra parte contratante uma justiça e santidade acima da possibilidade de queda, qualidade esta encontrada somente na Divindade. É certo que sendo assim, o Pacto da Redenção (entre o Pai e o Filho) não é um pacto condicional, como fora com Adão, quando dependia de sua obediência sendo ele capaz de cair. Jesus sendo aquele que está acima da possibilidade da queda, pois ele é o próprio Deus, garante o cumprimento de sua parte no pacto. Não há outra condição, apenas a certeza da eficácia de Jesus nesse pacto de obras, levando-nos à conclusão de que o pacto entre o Pai e o Filho é incondicional.

Mas surge uma pergunta: *Como pode haver um pacto sem direito de escolha, ou seja, como pode ser estabelecido um pacto quando já se tem muito antes do pacto a certeza do cumprimento desse pacto?* A própria ideia de pacto, como foi exposta no início, já não reivindica uma liberdade para escolher? Se não há a possibilidade de queda, como pode haver pacto? A resposta a essa indagação é que o Pacto da Redenção não foi feito como um teste ou prova para levar à efeito a salvação à Jesus. O caráter de teste no pacto somente poderia ser aplicado ao homem, o qual precisava de vida eterna e não a Jesus. A relação pactual entre o Pai e o Filho não é a mesma entre Deus e Adão. O sentido do Pacto da Redenção é que Deus dá ao Filho a incumbência de cumprir, o que ele faz voluntariamente, (e não de ser testado como fora Adão) as exigências do pacto que Adão não pôde cumprir. Nesse sentido o Pacto da Redenção é diferente do Pacto Das Obras. O pacto só teria um caráter de teste para Jesus se ele precisasse de salvação. Mas no Pacto da Redenção Jesus só estava adquirindo algo que era para o homem, ele apenas estava satisfazendo as exigências de Deus que eram para o homem, e não para si. Assim, o caráter de teste existente no pacto só houve no Pacto das Obras com Adão. Depois da queda, o pacto para a salvação do homem é incondicional. Essa a maior prova de que o caráter de teste está ausente. Se o pacto é incondicional, e se já é dado como certo o cumprimento por parte de Cristo no pacto, então, em que Ele estaria sendo testado? Além do mais, não seria correto dizer que o Pai estava testando a integridade do Filho, pois Cristo não precisava provar nada para o Pai, com Quem ele já se relacionava na eternidade, e com Quem ele mantinha uma relação infinitamente distinta das relações humanas. E o mais estranho ainda seria dizer que Deus estaria testando a Si mesmo, ou colocando à prova a integridade da Trindade, pois "O VERBO ERA DEUS" (Jo 1:1).

Poderíamos dizer que a partir deste momento se dá a concretização do mistério do decreto da eleição. Todo pacto de salvação firmado entre Deus e o homem, depois da queda, não tem mais aquela natureza de liberdade existente em Adão, pois agora prevalece o cumprimento do propósito da eleição. Deus resolve eleger dentre a humanidade perdida somente alguns para a salvação, (Jo 6:39,40,44). Jesus conquistou as bênçãos do pacto somente para os eleitos, (Jo 17:2,6,9,19,20). Há pois injustiça da parte de Deus? Certamente que não! Ele teria razão suficiente para condenar a todos porque todos caíram em Adão e se tornaram merecedores da ira divina, pois foi dado a Adão a liberdade de escolher, liberdade esta que foi perdida por causa de seu pecado, agora quem escolhe é Deus. Se Deus não condenou todo o gênero humano foi por Sua livre graça (Rm 9, 10,11). Por isso, creio eu, que a Lei condena o homem culpado na base de uma liberdade que havia em Adão. Na verdade não sabemos quais os motivos que levam a Deus escolher somente alguns. O pecado não pode ser, pois todos são pecadores. Aí permanece o mistério sobre o qual não podemos sequer emitir qualquer julgamento. Devemos nos lembrar que não podemos fazer confusão entre a eleição e o Pacto da Redenção. "A eleição é a escolha que Deus faz das pessoas as quais Ele usou de misericórdia decretando a salvação delas. O Pacto da Redenção é a maneira como Deus dispensa a graça e a glória para todos os pecadores eleitos."[6] O decreto da eleição precede o Pacto da Redenção. É no Pacto da Redenção que Deus concretiza a dispensação do meio que Ele decidiu resgatar os eleitos. Isto significa que muito antes da existência do mundo que agora contemplamos, Deus havia decretado criar o homem, depois decretou permitir a queda, em seguida decretou eleger alguns e deixar outros em sua condição de condenados e serem punidos por seus próprios pecados, e finalmente decretou prover o meio da salvação dos eleitos. O Pacto da Redenção consiste exatamente nesse meio de salvação para tais eleitos.

Voltando ao assunto do nosso parágrafo anterior, devemos reconhecer que nossa relação legal com Deus não é mais aquela que Adão tinha no Éden. O pecado nos afetou de tal maneira que não podemos satisfazer a vontade de Deus para a nossa salvação por meio de uma relação legal, cumprindo a Lei para obter a recompensa. Nossa relação com a Lei de Deus é uma relação penal, sempre de dívida e culpa. Somente depois de Jesus ter assumido nossa pena é que passamos de uma relação penal para uma relação de Graça. Assim, nossa relação com Deus no Pacto da Redenção não é mais uma relação legal, mas uma relação de graça (Rm 4 e Gl 3), ou seja, uma relação de herdeiros do pacto, pois só Jesus conseguiu ter uma relação legal no pacto. Não fomos nós, nem mesmo Adão quem conquistou as bênçãos do pacto, mas sim Jesus quem satisfez plenamente o castigo e as exigências do pacto. Sofrendo o castigo, Jesus nos resgatou da maldição e da condenação que sobre nós estavam impostos pela Lei de Deus por causa do nosso pecado em Adão, e cumprindo a Lei, Jesus conquistou a mais elevada forma de vida para os eleitos de Deus. Esse é o verdadeiro significado da justificação. Essas bênçãos não foram conquistadas por nós e sim herdadas, por

---

6 Berkhof

isso somos herdeiros do pacto. Mas, por que consideramos a morte de Jesus, ou seja, uma simples morte de um homem, algo correspondente ou até mesmo um superior castigo muito maior do que a nossa própria condenação? Evidentemente, isto se dá pelo fato de Jesus ser inocente e justo, e, muito mais ainda, por ser ele o próprio Deus, o qual é trazido à uma condição humana e é castigado humilhantemente com o salário do pecado. Como podemos imaginar Deus sendo castigado com salário de pecado? Quando reconhecemos que foi o próprio Deus que se sujeitou a tal condição, entendemos a seriedade com que Deus encara o pecado. Quando entendemos a seriedade do problema do pecado e quão terrível e odioso é aos olhos de Deus, concluímos que somente Deus poderia nos libertar daquele estado de maldição sob o qual fomos encerrados.

Parece que falamos até agora em dois pactos, mas chegamos à conclusão de que estamos falando de um mesmo pacto, ou seja, o Pacto das Obras feito com Adão, que é o mesmo que foi transferido para a responsabilidade de Jesus e que o chamamos de Pacto da Redenção. Para nós, aquele antigo pacto adâmico não é mais um pacto de obras, mas agora em Jesus ele tornou-se o Pacto da Graça, (Ef 2:9-10). Mas afinal, o que é o Pacto da Graça? Na verdade, não estamos falando de um outro pacto. O Pacto da Graça ainda é aquele antigo pacto de vida eterna firmado com Adão, mas com o seguinte aspecto: nesse pacto todas as bênçãos e recompensas não foram conquistadas pelo homem, tudo nos é concedido de graça. Deus não exige mais nada de nós porque Jesus já cumpriu nossa parte no pacto. Então, só podemos chegar a uma conclusão: o Pacto da Graça é a dispensação das bênçãos oferecidas a Adão no primeiro pacto, as quais ele não conquistou por causa da queda, sendo essas mesmas bênçãos conquistadas por Jesus e outorgadas a nós pela fé na condição de herdeiros, (Rm 8:17). O Pacto da Graça consiste então naquele novo relacionamento que Deus estabeleceu com o homem por meio de Jesus, no qual, o homem sendo pecador, é sujeito totalmente passivo em relação à sua salvação. Tudo o que diz respeito à salvação do homem só é possível pela mediação de Jesus. Eis a razão porque chamamos de Pacto da Graça, porque nele tudo é de graça, somos apenas herdeiros de uma herança que nos é concedida gratuitamente em Cristo. Não fizemos absolutamente nada para sermos merecedores das bênçãos. Deus tinha todas as razões para nos condenar, pois éramos merecedores de Sua ira, dignos apenas da condenação eterna, mas o Senhor renovou eficazmente Seu pacto de vida eterna que tem como causa o Seu amor e misericórdia, e nos concede, novamente, agora em Cristo, o direito de vida eterna que havíamos perdido em Adão, (1Co 15:22).

Essas bênçãos conquistadas por Jesus são comunicadas a nós por meio da regeneração operada por Deus e segundo a Sua vontade, (Jo 1:13; Jo 6:44), regeneração essa que produz em nós a fé, por meio da qual somos justificados, ou seja, Deus cancela nosso débito contraído em Adão (nossa condenação) e lança um crédito em nossa conta (a vida eterna). Essas bênçãos nos são comunicadas de tal maneira que somos convertidos e santificados, e temos paz com Deus, tendo a garantia de perseverarmos em toda nossa caminhada até a glória, (Jo 10:28,29; Rm 8:31:39). O que não devemos confundir a esta altura é o papel da fé. Não somos justificados por causa da nossa fé, e sim por meio da fé. A fé não é a base da nossa justificação. Ela é apenas o instrumento pelo qual Deus nos considera dignos da vida eterna. Essa fé é algo que provém de Deus e não está inerentemente no homem, (Ef 2:8). Se a fé fosse a base da nossa justificação, isto é, se fôssemos salvos por causa da nossa fé, essa fé seria uma obra meritória, então a justificação seria por obras e não por fé. Mas a Palavra de

Deus nos ensina que só a obra de Cristo é a única obra meritória para nossa salvação, e a fé, um dom dado por Deus, é o meio pelo qual nos apropriamos dessa obra. Assim, todas as bênçãos do pacto da graça nos são dadas como dádiva e não como salário, como se merecêssemos.

O Pacto com Noé

Ainda em Gênesis tomamos conhecimento de dois pactos: um feito com Noé e outro com Abraão. Esses dois pactos são em essência o mesmo Pacto da Graça que estamos estudando. Esses dois pactos não são diferentes no que concerne à salvação da humanidade, pois todos eles são apenas a renovação do Pacto da Graça de Gn 3:15. O culto e o método de salvação desde os dias de Adão, depois da queda, são essencialmente os mesmos e pertencem ao mesmo pacto que no Novo Testamento chama-se Nova Aliança. A esperança era messiânica e o culto era fundamentado tão somente na eficácia do Sangue do Cordeiro que havia sido morto antes da fundação do mundo (1Pe 1:20). O próprio Noé fora salvo pela graça, pois Hb 11:7 nos revela que a maneira como Noé foi justificado foi simplesmente pela fé, e isto como uma herança. Aqui está claro que a justificação era pela fé e salvação era dom de Deus. A Igreja dessa época era uma igreja tipicamente doméstica, pois a fé, o culto e a doutrina da graça davam-se numa extensão apenas de famílias. O pacto com Noé chamado de Pacto da Natureza continha promessas provindas da Graça (Gn 9:9). Todas as bênçãos prometidas a Noé eram bênçãos imerecidas ao homem caído, pois só eram possíveis mediante a graça de Deus que em Cristo concedia esses dons aos homens. Mas o que devemos lembrar de mais importante era que o pacto com

Noé era a maneira de Deus viabilizar a concretização do Pacto da Graça, ou seja, o pacto que Deus fez com Noé já era em si o Pacto da Graça. Mas como podemos entender melhor que o Pacto da Natureza já era em si mesmo o Pacto da Graça? A verdade é que a promessa de Gn 3:15 está contida no Pacto da Natureza. Como? Como já citamos anteriormente, no Pacto da Natureza estavam contidas promessas provindas da graça e que viabilizavam a concretização do plano de redenção da humanidade. Mas, a bênção maior era a promessa do "messias" feita em Gn 9:27. Neste texto Deus fala através de Noé que Ele habitaria nos tendas de Sem. Isto significa que Deus prometeu a Sem a bênção da Sua presença no meio de seus descendentes. Mas, como pode Deus habitar entre pecadores se não for através do sangue do Cordeiro? Cristo é a única forma de Deus Se relacionar com pecadores. Assim, Deus está trazendo à memória do homem a Sua provisão em relação ao problema da queda de Adão e ao problema do pecado. Sem, segundo Gn 9:27, é aquele através de quem "O Descendente" de Gn 3:15 virá, ou seja, a Sem foi lembrada a solução para a queda do homem: Jesus. Desta forma concluímos que o Pacto da Natureza é nada mais que um tipo de dispensação do Pacto da Graça, pois a própria essência da Graça (Jesus) está presente alí.[7]

---

7 Kaiser

O Pacto com Abraão

O que dizer então do Pacto Abraâmico? Era o pacto com Abrãao um pacto diferente que Deus estava inaugurando agora, como uma nova proposta de salvação, ou uma outra maneira de salvar o homem? Absolutamente não! As bênçãos do Pacto Abraâmico são, sem dúvida, mais concretas do que as bênçãos prometidas anteriormente, mas não se pode inferir que a maneira de Deus salvar os crentes anteriores à Abraão era diferente, nem tampouco que as promessas do pacto também diferiam apesar de serem reveladas mais plenamente no Pacto Abraâmico, (Gl 3:17). Devemos sempre manter em mente que o Pacto da Graça começa a partir da queda, na promessa de Gn 3:15 e a partir dali toda a história da salvação é baseada na graça de Deus mediante Jesus Cristo. A certeza dessas verdades é manifesta na vida e no culto dos crentes anteriores à Abraão, (Hb 11:7). Um exemplo disso é a vida e o culto da família de Noé, com a qual Deus fez manifesto um pacto de vida que era tão somente uma manifestação do Pacto da Graça de Gn 3:15. Por que dizemos que em Abraão as promessas são mais concretas em relação às promessas anteriores da Graça? Com certeza podemos perceber uma certa progressão na revelação da Graça Salvadora sobre o homem. De Gn 3:15 até Noé as promessas de vida eterna são as mesmas e estão firmadas sobre a mesma base que é Jesus. Elas apenas não estão escrituristicamente tão reveladas no Velho Testamento a nós como já estão no Novo Testamento, mas certamente foram reveladas a Noé e toda a sua família pois eles tinham uma Lei de culto e relacionamento com Deus pela graça, o que pode ser claramente visto na história de Noé. O autor da epístola ao Hebreus afirma que Noé foi "HERDEIRO DA JUSTIÇA QUE PROVÉM DA FÉ", expressão esta usada para os crentes do Novo Testamento em Rm 4:13,14; 8:17; Gl 3:29; 4:7. Estes textos indicam que o culto, a doutrina e a pregação sobre a salvação é a mesma: só pela graça e pela fé.

Não há evidência bíblica de um outro meio de salvação que não seja a Graça Salvadora em Jesus. Mas, é em Abraão que Deus começa a revelar mais claramente a dimensão do Seu plano de salvação ao mundo. No Pacto Abraâmico as bênçãos da justificação pela fé, perdão e adoção na família de Deus são nitidamente expostas em Rm 3 e 4 e Gl 3. "As bênçãos materiais e temporais como a terra de Canaã, uma grande descendência, a derrota dos inimigos não visavam um fim em si mesmos, mas simbolizavam e tipificavam as bênçãos espirituais da graça"[8] que nos seriam reveladas na aliança neotestamentária, a qual é a mesma aliança feita com Abraão, (Hb 11:8-10). Um outro aspecto neotestamentário no Pacto Abraâmico é o sacramento da circuncisão. O ritual em si não é apenas uma marca carnal como a ferradura de um animal para marcar-lhe seu proprietário. A circuncisão é de uma dimensão espiritual e está profundamente ligada aos elementos espirituais da fé e regeneração, elementos esses da relação do pecador com Deus. Em Rm 4:11, Paulo afirma que os mesmos elementos do batismo cristão são encontrados na circuncisão: "A JUSTIÇA QUE PROVÉM DA FÉ". A circuncisão, segundo Paulo, não era o selo de uma justiça que provém de obras, mas de uma justiça que provém da FÉ.

---

8   Berkhof

Em Rm 2:25,29, Paulo também ensina essa mesma verdade dizendo que a circuncisão não é um mero ritual descomprometido com as exigências espirituais da vontade de Deus. Como o batismo cristão, a circuncisão só tem significado se estiver amarrada à satisfação da Lei de Deus, ou seja, ela não tem significado se estiver desprovida da justiça exigida pela Lei de Deus, a qual só pode ser encontrada em Cristo (vv. 26,29). Assim, a circuncisão, em seu sentido elementar significa selo de propriedade, mas em seu sentido espiritual significa regeneração e justificação pela fé. Paulo confirma a vigência daquele pacto abraâmico em Gl 3:15-17, mostrando aos gálatas que o método de salvação pela graça mediante a fé dos crentes da nova aliança é o mesmo método do Pacto Abraâmico,Gl 3: 7,9,14. É com Abraão que a promessa do evangelho ganha uma extensão maior. A graça salvadora de Deus, desde o princípio não é propriedade exclusiva de Israel. Cristo é prometido ao mundo. A "BÊNÇÃO" prometida era Jesus, que era a base da salvação no pacto abraâmico. Assim não há diferença essencial entre o Pacto Abraâmico e a Nova Aliança, pois os dois oferecem as mesmas bênçãos e estão firmados num único modelo de salvação: justificação pela fé - fruto do Pacto da Graça. O Evangelho, ou seja, a essência da mensagem evangelística (salvação pela graça) já era conhecida desde os dias de Adão na forma de fé em Deus e nas suas promessas para a salvação, sem a qual ninguém poderia ser salvo, mas ainda não havia se tornado público como no caso de Abraão, e muito mais na Nova Aliança. Aprouve portanto a Deus administrar o Evangelho da Graça de maneira progressiva.

O Pacto do Sinai

Uma outra forma de administração do Pacto da Graça que tem sido alvo de muita confusão é o Pacto Sinaítico, pacto esse feito com Moisés no Monte Sinai, quando Deus entregou-lhe a Lei em forma de pacto. Devemos ter em mente que a Lei sempre constitui a vontade de Deus para o bem de Seus filhos. Ela é sempre necessária para o relacionamento entre Deus e suas criaturas. Estava presente no Éden de forma interiorizada no coração de Adão antes da queda, pois, como já dissemos anteriormente ele sabia muito bem como agradar seu Criador. Deus a imprimiu em seu coração. Essa mesma Lei não forçava Adão a obedecê-la, pois ele era um ser livre para exercer a sua vontade em relação à essa Lei. Quando Deus estabeleceu o pacto com Adão, no qual Adão deveria obedecer à Lei (na forma de obediência à ordem de Deus), Deus não estava apresentando algo novo, mas apenas externalizando-a como instrumento ou meio pelo qual Adão obteria a vida eterna, Lei esta que sempre esteve presente na relação entre Deus e o homem. Deus apenas quis usar a Lei como meio de teste para recompensar o homem. Devemos nos lembrar que este foi o único momento em que a Lei viabilizou a vida eterna numa relação direta entre o homem e Deus, mas ela não é a fonte ou a origem da vida eterna. Deus é a fonte da vida eterna e a quis dar por meio de um pacto. Com a queda, essa

Lei interiorizada foi ofuscada de tal maneira que se tornou ainda mais necessário que Deus estivesse fazendo lembrar ao homem de Sua Lei, pois somente a Lei interior (ou o senso moral no homem) não comunica mais a vontade de Deus de maneira clara, visto ter sido prejudicada pelo pecado. Desde a queda, Deus tem sempre lembrado ao homem dessa Lei, não mais para a vida eterna, pois agora somente Jesus a cumpre para tal objetivo, mas para um relacionamento de comunhão com Ele. Podemos perceber a Lei de Deus também na vida dos descendentes de Adão, da família de Noé e em Abraão "através de todas as ordens positivas e negativas que Deus deu àqueles santos do Velho Testamento (Gn 12;1; 13:14; 15:1; 15:9; 17:1; 22:2; 26:2; 26:24; 31:3; 35:11)."[9] Com Moisés, essa Lei foi tornada formalmente visível em forma de pacto, quando Deus entregou-lhe em forma de pacto toda a Sua vontade outrora revelada aos pais.

Pergunta-se: Por que a Lei foi dada a Moisés em forma de um pacto para Israel? Na verdade, a Lei sempre existiu como um pacto visando manter nossa comunhão com Deus. Se a observarmos, temos paz com Ele, do contrário somos impedidos da Sua presença, até que recorramos à graça do Seu perdão. Isso acontece desde os dias da Criação e sempre era bem conhecida, antigamente, por indivíduos que estavam em contato com a revelação. Mais tarde, tornou-se um pacto formal com uma nação. No momento do Sinai, quando esta Lei é entregue a Moisés, visivelmente, em forma de um pacto, ela terá uma dupla função: 1) Apresentar todas as exigências de Deus para a relação entre Ele e Seu povo; 2) Pregar o Evangelho por meio de leis, tipos e símbolos. De que forma pois, essa Lei pregava o Evangelho? Lei e Evangelho parecem duas coisas altamente contrárias, mas não são. A Lei sempre esteve a serviço da graça. Quando Paulo a chama de PEDAGOGO

---

9 Kaiser

(Gl 3:24) que tem a função de conduzir os eleitos a Cristo, e que o FIM DA LEI É CRISTO, (Rm 10:4), como sendo seu alvo, essa é a maneira da Lei pregar o evangelho. Como alguém chegaria a Cristo através da Lei se essa não lhe comunicasse o evangelho? Mas como isso acontece? A Lei pregava o evangelho quando exigia sangue para a expiação. Só o Pacto da Graça exige sangue para expiar os pecados dos homens. Se o Pacto do Sinai fosse um pacto de obras, logicamente não se faria necessário a presença do sangue, bastavam apenas as obras. A Lei pregava o evangelho quando ela mostrava a malignidade do pecado, a falência espiritual em qualquer tentativa de justiça própria, e a tamanha condenação na qual o homem estava encerrado, de tal maneira que ele percebia a necessidade de recorrer à Graça, do contrário seria condenado pela Lei. Ela nos mostra o que Deus acha do nosso pecado e da nossa condição de pecadores. Ela decreta sobre nós um terrível juízo de condenação e anuncia a ira de Deus sobre toda iniquidade, deixando-nos totalmente perdidos e sem nenhuma forma humana de escape. Mas, como já dissemos, se ela nos fala de "DERRAMAMENTO DE SANGUE", isso quer dizer que a salvação não está nas possibilidades humanas, mas em Deus, e que o homem deve recorrer à Sua graça salvadora. Se é por sangue, então é por fé. Se é por fé, então é pela graça. E se é pela graça, então essa é a mesma mensagem do evangelho. Assim sendo, a Lei mostra nossa miséria e nossa fraqueza para que recorramos à graça salvadora encontrada somente em Cristo Jesus.

O Pacto do Sinai não é um pacto diferente daquele feito com Abraão. Esse Pacto Sinaítico consiste na renovação da promessa feita a Abraão, contendo as mesmas exigências e as mesmas bênçãos com a diferença marcante: o Pacto Sinaítico tem um caráter nacional e é tornado mais manifesto. Sendo que esse caráter nacional não garante a vida eterna a todo o podo de Israel. Como nação o povo de Israel é chamado a obedecer e a desfrutar das bênçãos dessa obediência, mas em relação à salvação prevalece o propósito da eleição (Rm 9), e não qualquer cumprimento das condições estipuladas pela Lei. Nunca devemos pensar nas exigências da Lei como sendo dadas exclusivamente para a salvação ou para regular somente a vida dos eleitos. Não são somente os eleitos que são ordenados a obedecer. A Lei de Deus exige de todos os homens e em todas as épocas a observância da Sua vontade, mesmo dos que não foram eleitos. Mesmo aos que não foram eleitos a Lei ordena: ARREPENDEI-VOS! Deus chama um povo para cumprir Seus propósitos e faz com ele um pacto (para manter a relação espiritual) de bênçãos temporais. Devemos enfatizar que embora o Pacto Sinaítico, pela observância da Lei, garanta apenas bênçãos temporais, nele também está contida a pregação do evangelho que garantirá aos Israelitas a bênção da salvação, mas esta salvação não advinda como recompensa pelo cumprimento da Lei no Pacto, pois ninguém pode cumpri-la, mas era exclusividade da fé operada por Deus nos Seus eleitos, pois o que prevalecia sempre era o propósito da eleição da graça(Rm 4, 9; Gl 3). Assim, o Pacto sinaítico não era condição dada ao homem para que ele pudesse se salvar, mas condição para que o povo de Israel continuasse desfrutando das bênçãos oferecidas no Pacto e para que enquanto observassem as condições do Pacto, pela Lei fossem os eleitos, através dos tipos, símbolos e ordenanças, levados ao conhecimento da graça salvadora de Deus, reconhecendo suas fraquezas e recorrendo a Deus para justificá-los pela fé, (Hebreus 11). E os demais, como nação escolhida para os propósitos divinos, estivessem sempre numa boa relação com Ele. Podemos dizer então que o Pacto Sinaítico tem caráter nacional em relação ao povo de Israel porque Deus tinha propósitos a cumprir através de Israel como nação, e para isso, para que um povo pecador esteja numa relação com Deus faz-se sempre necessário um pacto no qual a vontade de Deus deva ser observada e cumprida, a fim de que o relacionamento seja mantido. Essa Lei (ou os princípios espirituais do Pacto) sempre teve um caráter universal, não sendo apenas as exigências de Deus para um povo em uma época, mas para todos os homens. Chamou-se Pacto Sinaítico porque a um povo foi entregue naquele lugar (Monte Sinai) a santa, justa e perfeita vontade de Deus para ser pregada ao mundo inteiro.

Este pacto tem sido interpretado, erroneamente, como um pacto diferente, em essência, do Pacto da Graça. É-lhe dado todo um caráter de um pacto de obras devido a um fraco e superficial entendimento da função da Lei. Entendem alguns que o Pacto Sinaítico consiste num pacto inteiramente novo, no qual Deus entrega a Lei a Moisés com a finalidade de garantir a salvação àqueles que a cumprissem. Na verdade, este foi o entendimento errôneo dos judeus na época de Moisés até os dias de Paulo, que pensavam que a salvação obtinha-se pelo cumprimento da Lei, (At 15:1). Por esta razão, Paulo faz tanto contraste entre Lei e Fé, entre Nova Aliança e Antiga Aliança,(Rm 4 e Gl 3). Esse contraste não deve ser entendido como se a Lei ou o Pacto Sinaítico fosse algo contrário à Graça. Na mentalidade judaica dos dias de Paulo os judeus entendiam que o Pacto Sinaítico era um "pacto" diferente em essência do Pacto da Graça, pois nem mesmo essa ideia de "Graça" fazia parte do cotidiano teológico deturpado dos judeus. O contraste realmente existe na mente dos judeus que viam a Lei como o caminho da salvação em si mesmo sem a Graça Salvadora de Jesus. Por esse motivo, Jesus convidava "vinde à mim todos vós que estais cansados e sobrecarregados" de esperar justificação na Lei. Paulo não contrasta a verdadeira essência e função da Lei com a Graça, ao contrário, ensina ele que a Lei está a serviço da Graça e que essa Lei é antes de tudo confirmada pela graça e não contrastada com ela, (Rm 3:31 e Gl 3:24). O contraste que podemos perceber entre Lei e Graça não é no que diz respeito ao sentido bíblico de Graça e Lei, e sim no que diz respeito ao conceito errôneo judaico sobre a Lei. É com essa ideia em mente que devemos olhar para o capítulo 8 de Hebreus quando parece apresentar ali um contraste muito sério entre duas alianças. Devemos nos lembrar antes de qualquer tipo de abordagem àquele capítulo que aquela epístola é destinada "aos hebreus", exatamente a um povo de mentalidade judaica e que tinha em mente "um pacto de obras", essencialmente distinto do Pacto da Graça, e bem distinto também do pacto sinaítico, pois este havia perdido completamente o verdadeiro sentido veterotestamentário para os judeus já desde os dias dos profetas, (Jr 31:31-34). Há duas possibilidades de se interpretar Hebreus 8: uma é que o autor aos Hebreus considerava aquela mentalidade réproba, (Hb 5:11-13). Por esse motivo, o autor insiste tanto em mostrar aos hebreus que aquele "antigo pacto" (da mentalidade judaica) estava caduco; a outra é entender a palavra "aliança" como sinônimo de "sacerdócio", o qual sendo um sacerdócio prestes a desaparecer (isto por causa da progressividade da revelação da graça, e não por causa de erro no sacerdócio) tornou-se antiquado. Para esta interpretação basta lermos Hebreus 7-10. Mas o autor não está enfatizando a questão do método da salvação, como se houvesse uma mudança na maneira de Deus salvar o pecador, ocorrido entre os dois pactos, e sim a questão do novo e melhor sacerdócio que cumpre-se em Jesus, bem como a concretização das promessas, as quais não eram diferentes em substância no verdadeiro Pacto Sinaítico, mas apenas na forma, (Hb 8:2-6), pois antes eram apenas "vestígios da luz da Graça, enquanto que com a chegada do Messias, agora fulgura o Sol da Justiça."[10] O autor cita a profecia de Jeremias 31:31 porque o sacerdócio está dentro do pacto, cumprindo-se a nova dispensação do pacto certamente mudará o sacerdócio, mas não a base da salvação. Não é nossa intenção fazer aqui um comentário de Hb 8, o que faremos posteriormente em outro trabalho devido ao espaço e à natureza do tema que pretendo trabalhar.

O que podemos ainda falar de Hebreus 8? O mais fundamental entendimento sobre o capítulo 8 de Hebreus está contido no texto de Hebreus 9:15-17. Neste texto podemos perceber claramente que o autor não está falando de duas alianças ou pactos, pois há um só testador e um só testamento. Assim, a ênfase que o autor dá às duas alianças não significa, de fato, duas alianças, e sim uma mesma aliança, diferindo apenas as dispensações da mesma, uma enquanto vive o testador (Velho Testamento) e a outra quando morre o testador (Novo Testamento), quando de fato, para os propósitos judiciais de Deus, a Lei decreta total satisfação com a obra expiatória de Cristo, e então entra em vigor a Nova Aliança. Mas, lembremo-nos que a aliança ou pacto já estava estabelecido, após a queda, com Cristo, e que mesmo antes da morte do testador, os herdeiros já desfrutavam da herança, pois para Deus a morte do Testador era tão certa que a herança já era considerada dos herdeiros. Cristo foi o Fiador eficaz dos crentes do Velho Testamento, pois Deus não faz vista grossa ao pecado, do contrário Ele seria contraditório em Si mesmo. Os pecados dos crentes no Velho Testamento eram eficazmente perdoados (Sl 32 e 51), e eles, em Cristo, tomaram posse da herança eterna. Eis porque a tradução de "aliança" para a palavra "testamento" neste texto: porque com Cristo nossa relação com Deus é de herdeiros. Não podemos perder de vista que um pacto (ou aliança) é realmente firmado

---

10 João Calvino

entre Deus e o homem. Seja o das Obras, da Redenção, ou da Graça, estes pactos sempre tiveram uma natureza de pacto. Mas, em que sentido o Pacto da Graça pode ser considerado um "testamento" pelo autor de Hebreus? Respondemos que o Pacto da Graça é considerado testamento no sentido de ser dado como uma herança incondicional, ou uma dádiva da parte dAquele que quis dar simplesmente porque quis. Pode ser levado em conta também que é testamento no sentido de que está estabelecido pelo eterno e imutável decreto de Deus, não podendo ser anulado, sendo assim inviolável; e por último aspecto, é testamento porque é necessário a morte do testador. A herança do Testamento já fora entregue muito antes da morte do testador, mas isso só é possível porque sua morte já é contada como certa, e o testador terá que percorrer o amargo caminho da morte. As bênçãos do pacto, para nós são como uma herança prescrita, estabelecida e dada aos filhos como herdeiros. Portanto, nesse sentido, o Pacto da Graça sempre é considerado um testamento.

O ensino bíblico é que o Pacto Abraâmico jamais fora substituído pelo Pacto Sinaítico, mas continuou em vigor durante toda a dispensação da Lei, (Dt 1:8; Ex 32:13; Lv 26:42; Dt 4:31; Sl 105:8-10), e ainda continua em vigor em nossos dias, (Gl 3:14). Paulo argumenta em Gálatas 3 que Deus não mudaria a natureza essencial de uma aliança "UMA VEZ CONFIRMADA".

Uma outra concepção errônea é que a Lei fora dada como um substituto da promessa. Mas essa concepção é puramente farisaica. Paulo expõe a natureza do Pacto Abraâmico como irrevogável, e a Lei está inserida no pacto para servir a propósitos do referido pacto (Gl 3:15-22). Assim, a Lei é instrumento da Graça, e não um novo pacto como achavam os judeus, (Rm 3:31). Paulo refuta essa ideia com certa ironia em Romanos 4:14.

Com razão diz Berkhof: "É certo que se o Pacto Sinaítico tivesse a natureza de um pacto de obras para a salvação de Israel este pacto seria com certeza um pacto de maldição, e a Lei seria para Israel apenas um fator de condenação na vida daquele povo".[11] A própria história nos mostra que Israel não tinha nenhuma condição de cumprir a Lei para obter a salvação, pois constantemente estava caindo em pecado e entristecendo a Deus. (Gl 3:10,11,13; Rm 4:1-16; Rm 3:20,27,28,30). Fazemos então a seguinte pergunta: Se Israel estava num pacto de obras para garantir a salvação por intermédio do cumprimento da Lei, quando então os israelitas estariam salvos de fato? A resposta correta seria: quando cumprissem toda a Lei (Gl 3:10-12). Como poderia então o israelita ser salvo quando a Palavra de Deus nos diz que ninguém é capaz de cumprir toda a Lei? Além do mais, eles jamais teriam a garantia de vida eterna pelo fato de não terem a garantia de que guardariam toda a Lei. "Mas a Palavra de Deus nos ensina que a Lei foi entregue na forma de pacto para que Israel fosse abençoado e não amaldiçoado, (Dt 4:8)".[12] A Lei se torna maldição para aqueles que tentam obter a salvação pelas obras da Lei em si mesma, sem a Graça de Cristo. Foi exatamente isso que os judeus incrédulos fizeram o tempo todo. A Lei, depois da queda, não salva ninguém, (Gl 3:18,21), apenas aponta para as nossas iniquidades e nos declara culpados e condenados e nos avisa do caminho da graça. da graça. A graça nos justifica e nos salva de tal condenação. Em nenhum momento depois da queda, Deus deu ao homem a Lei para a salvação. Pois para obtermos a salvação pelas obras da Lei teríamos que cumprir cabalmente todos os itens que ela exige. Ninguém consegue isto, pois todos tropeçam em alguma coisa e se tornam culpados. Para ser salvo pela Lei o homem precisaria ter o mais

---

11   Berkhof
12   Berkhof

alto grau de perfeição, pois essa é a condição exigida para a total satisfação da Lei, condição essa possível somente à Deus. Por isso, Jesus cumpriu essa Lei em nosso lugar e assim desfrutamos da promessa (Gl 4:10,12).

Uma das mais importantes controvérsias sobre o Pacto Sinaítico é seu aspecto condicional. Mas, esse aspecto condicional nunca diz respeito à salvação dos israelitas, como se a salvação dependesse da observância de todo sistema legal. Na verdade, o aspecto condicional no Pacto Sinaítico sempre refere-se à posse de bênçãos materiais e temporais (Ex 4:40), bem como à relação de povo escolhido para representar a vontade de Deus,(Dt 28:1-14). A função da Lei, portanto, era de conscientizar cada vez mais o pecado e ser um pedagogo que conduz o homem a Cristo, (Gl 3:24; Rm 3:21,31). Os símbolos e tipos do sacerdócio aarônico consistiam nas exigências de Deus em relação à comunhão do homem com Ele, bem como uma contínua pregação do Evangelho. Os judeus abandonaram o significado de "graça" embutido em tais símbolos e tipos e consideraram a Lei em si mesma como provedora de salvação, pecado este combatido em Romanos, Gálatas e Hebreus.

Que provas neotestamentárias nós temos sobre a singularidade do Pacto? O ensino do apóstolo Paulo sobre a salvação dos gentios é que Deus não fez um segundo pacto com estes. Os gentios foram enxertados pela graça na oliveira judaica. "Dois povos foram unidos pela graça num mesmo testamento(Ef 2:13-18; Rm 11:17-25). Esses eleitos gentios foram considerados co-herdeiros, membro de um mesmo corpo e co-participantes da promessa (Ef 3:6). São considerados também descendentes de Abraão (Gl 3:16-19), e herdeiros da promessa (Gl 3:29),e membros da família de Deus (Ef 2:19). Com o pensamento de Paulo em mente, concluímos pois que a evangelização dos gentios é apenas o cumprimento da promessa feita a Abraão(Gn 12:3), pois muito antes de Abraão Deus já havia incluído os gentios no pacto. Por este motivo, Jesus afirmava que tinha outras ovelhas (Jo 10:16) e que a salvação vinha dos judeus (Jo 4:22)."[13]

---

13 Kaiser

A Nova Aliança

Quando Jesus e os apóstolos falam de uma Nova Aliança, eles não estão enfatizando algo diferente da promessa feita a Abraão, Rm 4:13,14; Gl 3:18,22. A Nova Aliança é o maravilhoso cumprimento da promessa feita primeiramente em Gn 3:15 e mais claramente à Abraão, ou seja, a plenitude da promessa na qual esperavam verdadeiramente os crentes do Velho Testamento, pois Paulo ensina que aos crentes do Velho Testamento foi anunciado o Evangelho, (Gl 3:8). Isso quer dizer que eles tinham a mesma fé e esperança de salvação pela graça e não pelas obras. Os crentes do Velho Testamento não esperavam a plenitude da Nova Aliança na expectativa de serem salvos, pois os mesmos já desfrutavam da salvação no sentido mais pleno que nos é oferecida no Novo Testamento (Rm 4:11; Gl 3:6-9, 14). A Nova Aliança é o próprio corpo representado pelas sombras dos tipos e símbolos que eram figuras da realidade trazida com a Nova Aliança.

A natureza nova da aliança não diz respeito à alguma mudança na sua essência, mas ao cumprimemto das promessas inseridas na própria aliança. Poderíamos aplicar três sentidos à expressão "Nova Aliança".

Primeiro, é que essa aliança pode ser considerada como aquele novo pacto que Deus fez com Jesus para a salvação gratuita. Não mais para o homem como pacto de obras, mas como Pacto de Graça.

Uma segunda possibilidade é que poderíamos entender essa aliança como "nova" fazendo dela um contraste com aquela ideia errônea que os judeus tinham da Lei como sendo uma aliança legal para a salvação. Aquela antiga aliança(considerada entre os judeus como aliança de salvação) caducou, pois ela foi tornada imperfeita. Em Jeremias 31:31-34 o profeta parece falar alí de uma aliança inteiramente nova. Mas surge a seguinte pergunta: Em que, então, diferem as duas alianças alí apresentadas? Chegaremos a uma conclusão se compararmos os elementos que constituem essas duas alianças. A nova aliança anunciada pelo profeta fala da Lei sendo interiorizada na mente e no coração; Deus se tornando o Deus deles e o povo o Seu povo; conhecimento extensivo e pleno perdão dos pecados. Todos esses elementos estão presentes na antiga aliança, na vida dos santos eleitos do Velho Testamento, pois do contrário chegaríamos à conclusão que Deus tem duas maneiras de salvar o pecador: uma a da Velha Aliança e a outra da Nova Aliança. Essa teologia não é bíblica. Há, na verdade, um caráter novo na aliança que se inaugurará, e esse caráter novo é apenas um aspecto salientado no texto: "... porque todos me conhecerão." Esse conhecimento universal de Deus somente é possível mediante a manifestação gloriosa de Jesus. Esse aspecto não é encontrado na Velha Aliança pelo fato da pregação do evangelho alí ser muito resumida e restrita a um pequenino povo. Mas, o que diríamos então dos outros aspectos encontrados nas duas alianças? Por que Deus renovaria esses aspectos com Seu povo se não é algo inteiramente novo? A resposta está no próprio texto: "porquanto eles anularam a minha aliança." As experiências como a Lei de Deus no coração e na mente, ser propriedade exclusiva de Deus, conhecer a Deus e obter perdão de pecados são em todas as duas alianças experiências de CONVERSÃO. O profeta não estava apenas anunciando a chegada de uma nova aliança para o mundo inteiro, mas estava anunciando que em vista de Israel ter-se desviado da verdadeira vontade de Deus, mesmo assim, Deus ainda prometia uma outra oportunidade para uma nova conversão. Nunca podemos olhar para esta aliança como sendo uma nova aliança em função dos gentios, esquecendo-nos de que aquilo era uma profecia para Israel. Então, o caráter da nova aliança é de uma "renovação da antiga aliança e não uma aliança inteiramente nova e distinta".[14]

E, uma terceira possibilidade, seria a compreensão das características totalmente novas e diferentes da aliança feita com Abraão e Moisés. Na verdade, a dispensação do Novo Testamento traz bênçãos mais ricas que a do Velho Testamento, pois a revelação da graça chega ao seu clímax por ocasião da revelação de Jesus. É certo que a sombra de Cristo era eficaz para a salvação dos crentes do Velho Testamento, e o fato da Nova Aliança trazer consigo bênçãos mais ricas não significa uma diminuição da bênção operada na velha dispensação, pois Cristo é nosso Fiador eficaz ontem, hoje e sempre. As bênçãos são mais ricas no sentido de que agora a promessa se cumpre em toda sua amplitude e plenitude; os tesouros de sabedoria são trazidos com Cristo (Ef 4); a Igreja chegou a sua maturidade sobre o mistério da reconciliação (1Co 13:8-13); superabundou a graça sobre todos os povos e não somente à Israel, (At 2:16-21). Devemos assim, enfatizar os aspectos da universalidade da Nova Aliança, quando no Velho Testamento a graça ainda era muito restrita a Israel. O cumprimento da promessa e a inauguração de um novo sacerdócio dão a certeza de que aquela velha aliança da graça tem se renovado cada vez mais majestosa sobre o mundo e sobre todos os pecadores.

---

14 João Calvino

Tudo isto, sendo a manifestação da graça desde o princípio, significa que a história do Pacto da Graça consiste numa aproximação cada vez mais clara e nítida do sacrifício de Jesus e das suas bênçãos, e que essa aproximação, por mais obscura que tenha sido no passado, sempre foi eficaz para conduzir o pecador a Cristo e para assegurar-lhe o direito de ser herdeiro da Promessa. Devemos nos lembrar que mesmo sendo sombra no passado, essa revelação hoje concreta e presente, era a sombra do próprio Deus, graciosamente salvando o homem. Em tempo algum Deus mudou a Sua promessa ou revogou a Sua aliança. Depois da queda, o homem sempre foi salvo pela graça. Se olharmos ainda mais adiante veremos que promessas ainda mais ricas desfrutaremos, quando nossos corpos glorificados e livres de toda corrupção farão parte de uma nova realidade, celestial e eterna, contemplando Jesus face a face.

Concluímos entendendo que Deus só fez um pacto de vida eterna com o homem, mudando apenas A DISPENSAÇÃO DO PACTO sobre o povo de Deus e sobre toda a humanidade.

Voltando para as perguntas da introdução, a única que ainda precisamos responder é sobre as consequências de uma visão diferente da qual acabamos de apresentar. Em que interfere na minha visão do organismo das Escrituras Sagradas se eu não tiver uma correta compreensão da Dispensação do Pacto no Velho e Novo Testamento? Essa compreensão do pacto conserva o Velho Testamento como sendo a Palavra de Deus para o homem de todas as épocas porque podemos perceber fortemente a dispensação da graça de Deus na vida do povo de Israel e estendendo-se até nós. A partir do momento em que eu separo e contrasto duas ou mais alianças, julgando-as diferentes em essência, consequentemente o organismo da Bíblia será desmembrado. Se eu não encontrar a graça em toda a antiga dispensação, logo rejeitarei o Velho Testamento, porque se a salvação é tão somente pela graça, logo o que não estiver voltado para a graça não diz respeito a mim. Essa é a conclusão mais prática à qual qualquer crente chegaria. Muitos já nem se interessam mais pelo Velho Testamento, achando que graça e salvação ao estilo neotestamentário não são temas do Velho Testamento, e que a maneira de Deus salvar o pecador do Velho Testamento é diferente do Novo Testamento. Outros têm uma noção tão fraca e às vezes tão deturpada da Lei de Deus que recusam-se a pregar, estudar ou até mesmo considerar Palavra de Deus o Velho Testamento. Outras mentalidades mais simples se utilizam do chavão "é coisa da Lei", como se a Lei não fosse a vontade de Deus para o homem durante todas as épocas da história da salvação. O Dispensacionalismo, pensamento que afirma que a Bíblia contém partes para cada período da história da salvação, e que em cada período Deus mudou Sua justiça e Sua Lei e tratou de maneira diferente o pecador, o pecado e a natureza humana em relação a salvação, propondo-lhe até mesmo um caminho de obras para conquistá-la, é o pensamento campeão em diminuir a autoridade da Palavra de Deus, por considerar a Bíblia contendo partes para cada época da história da humanidade. Passando-se as épocas, esses livros do Velho Testamento já não servem mais para a Igreja, porque dizem respeito apenas à uma época, e específicamente à Israel. Assim, o Velho Testamento torna-se apenas um livro de contos da história de Israel, apenas para ser lembrado e utilizado em sermões puramente alegóricos. Essa concepção errônea do organismo das Escrituras deve-se também à fraca interpretação de Jo 1:17, como se a graça não fosse tema do Velho Testamento, mas apenas do Novo Testamento, a partir de Cristo ou Pentecostes, o que torna irrelevante o Velho Testamento para os nossos dias.

O conceito reformado do pacto estabelece uma unidade tão forte entre os livros do Velho e Novo Testamentos que podemos perceber claramente em ambos: o mesmo Deus, as mesmas promessas, a mesma graça, o mesmo Salvador, a mesma regeneração, conversão e justificação pela fé, a mesma Lei de Deus dirigindo o comportamento e fortalecendo a santificação para uma mais íntima comunhão com Deus, a mesma pregação contra o pecado e contra a incredulidade do povo, o mesmo Espírito operando na vida dos regenerados. Doutra forma, se começarmos a olhar para o Velho Testamento de maneira tão distinta do Novo Testamento, inevitavelmente chegaremos a desprezá-lo, e isso afetará consequentemente a autoridade das Escrituras e sua suficiência. Em geral, os dispensacionalistas, como são amantes de Israel, em relação ao Velho Testamento se interessam apenas pelas profecias que julgam pertinentes ao futuro de Israel e aos textos que supostamente lhes servem para formar a perniciosa doutrina das sete dispensações. Graças a eles, a visão que o mundo tem hoje do Velho Testamento é a de um punhado de promessas e testes fracassados que nada mais tem a ver com a Igreja do Novo Testamento. Assim, o Velho Testamento é depreciado por ser considerado coisa do passado, não sendo mais suficiente e nem autoritativo para a Igreja neotestamentária. Qualquer sistema teológico que nos leva à depreciação da Palavra de Deus no seu todo ou em partes não deve ser encarado como um sistema sério, nem digno de crédito algum, pois a Palavra de Deus permanece para sempre. A visão da Teologia do Pacto é uma visão que nos faz olhar para a Bíblia em seu organismo como um todo sempre como a Palavra de Deus para o homem de todas as épocas e totalmente soberana nas questões da vida da Igreja. Eis o que diz a Confissão de Fé de Westminster: "O Velho Testamento em Hebraico (língua vulgar do antigo povo de Deus) e o Novo Testamento em Grego (a língua mais conhecida entre as nações no tempo em que ele foi escrito), sendo inspirados imediatamente por

Deus e pelo seu singular cuidado e providência conservados puros em todos os séculos, são por isso autênticos e assim em todas as controvérsias religiosas a Igreja deve apelar para eles como para um supremo tribunal;..." (cap. 1, sec VIII). É com essa visão que devemos olhar para toda a Palavra de Deus, buscando sempre encontrar o amor e a misericórdia de Deus revelados na DISPENSAÇÃO DO PACTO.

Bibliografia

BERKHOF, Louis, TEOLOGIA SISTEMÁTICA, Campinas, Ed. Luz Para o Caminho, 1990.

KAISER, Jr. Walter, TEOLOGIA DO ANTIGO TESTAMENTO, São Paulo, Edições
Vida Nova, 1988.

MODERN REFORMATION MAGAZINE, march/april 1996, Lee Irons "RAISED FOR OUR JUSTIFICATION"

KEVAN, Ernest, THE MORAL LAW, P & R Publishing, New Jersey, 1991

JOHN CALVIN COLLECTION, Ages Digital, version 1.0

BRAKEL, Wilhelmus à, THE CHRISTIAN'S REASONABLE SERVICE, Soli Deo Gloria, Pittsburgh, 1994, vol.

Índice de Referências Bíblicas

ANTIGO TESTAMENTO

Gênesis

2:17 — 9
3:15 — 23, 31, 32, 33, 49
5:3 — 21
9:9 — 31
9:27 — 32
12;1 — 38
12:3 — 47
13:14 — 38
15:1 — 38
15:9 — 38
17:1 — 38
22:2 — 38
26:2 — 38
26:24 — 38
31:3 — 38
35:11 — 38

Êxodo

32:13 — 44

Levítico

26:42 — 44

Deuteronômio

1:8 — 44
4:31 — 44
28:1-14 — 46

Salmos

32 — 43
51 — 43
105:8-10 — 44

Jeremias

31:31 — 43, 50
31:31-34 — 42

NOVO TESTAMENTO

Lucas

16:2-4 — 5
22:29 — 23

João

1:1 — 26
1:13 — 29
1:17 — 53
6:39,40,44 — 26
6:44 — 29
10:11,15,17,18 — 23
10:16 — 47
10:28,29 — 29
17:2,6,9,19,20 — 26
17:6,9,24 — 23

Atos

2:16-21 — 51
15:1 — 41

Romanos

2:25,29 — 35
2:26,29 — 35
3 — 22, 34, 42, 44,

45, 46
3:9-18 — 22
4 — 5, 18, 27, 34,
    39, 40, 41, 44, 45,
    46, 47, 49, 51
5:12 — 16, 18, 19
5:12-19 — 18
5:12-21 — 16
5:14 — 19
5:16 — 19
5:18 — 19
8:17 — 29
8:29-30 — 20
8:31:39 — 29
9, 10,11 — 26
11:17-25 — 46

Coríntios

2:10-11 — 13

13:8-13 — 51
15:22 — 18, 19, 29

Gálatas

1:15,16 — 20
3 — 16, 21, 27, 33,
    34, 35, 39, 40, 41,
    42, 44, 45, 46, 49
3:13 — 16
3:22 — 21

Efésios

1:10 — 5
2:3 — 18
2:8 — 29
2:9-10 — 28
2:11-13 — 20
2:13-18 — 46
2:19 — 46

3:6 — 46

Colossences

1:25 — 5

Hebreus

5:11-13 — 42
8 — 42, 43
8:2-6 — 42
9:15-17 — 43
10:5-7 — 23
11 — 40
11:7 — 31, 33
11:8-10 — 34

1 Pedro

1:20 — 31

OUTRAS PUBLICAÇÕES

IMPRESSO

EBOOK

IMPRESSO

EBOOK

IMPRESSO

EBOOK